L'IVROGNE
ET
SA FEMME,

Comédie-parade en un acte, mêlée de Vaudevilles.

IMITATION D'UNE FABLE DE LA FONTAINE;

Par les Cens J. ERNEST et ARMAND.

Représentée pour la première fois, sur le théâtre de la Cité-Variétés, le 11 Frimaire an XI.

A PARIS,

CHEZ ALLUT, Imprimeur-Libraire, rue de l'Ecole-de-Médecine, N°. 36, et rue St.-Jacques, N°. 61.

AN XI. (1803).

PERSONNAGES.	ACTEURS.
MARTIN, *ivrogne.*	CHATEAUNEUF.
MARTINETTE, *sa femme.*	Mme DÉSARNAUD.
JAVOTTE, *leur fille.*	Mme ARMAND.
PERRIN, *amant de Javotte.*	DARCOUR.
NICOLAS, *compagnon de Martin.*	ARMAND.
Mme. BAVARDIN, *voisine.*	Mme. POTIER.

La Scène est au village, chez Martin.

COUPLET D'ANNONCE.

AIR *d'Arlequin afficheur.*

Souvent la raison d'un buveur
Au fond d'un verre fait naufrage,
Et c'est pour cela que l'Auteur
N'en a pas mis dans son ouvrage.
Si, trébuchant à chaque pas,
Notre ivrogne fait la culbute,
Que du moins il n'entraîne pas
La pièce dans sa chute.

L'IVROGNE ET SA FEMME,

COMEDIE-PARADE.

Le théâtre représente un petit jardin à la porte de la maison. Il fait demi-jour.

SCÈNE PREMIÈRE.

MARTINETTE, Mme BAVARDIN.

Mme BAVARDIN.

OUI, ma voisine, je vous le dis, c'est une vérité, votre mari. . . .

MARTINETTE.

Est un ivrogne, je le sais, ma voisine.

Mme BAVARDIN.

Vous ne savez pas tout, ma voisine; (*à part.*) si j'osais lui dire. (*haut.*) Ah! c'est affreux, je vous plains de tout mon cœur, je vous plains d'avoir un homme comme celui-là.

MARTINETTE.

Que voulez-vous, ma voisine? feu M. Bavardin, votre époux, avait bien aussi ses petits défauts. . . .

Mme Bavardin.

M. Bavardin! Dieu veuille avoir son ame! n'en dites pas de mal, ma voisine; ah! quel homme charmant, comme il m'aimait! comme il était bon! il aimait le vin, à la vérité, mais c'était un homme sobre, oui.... je suis sûre qu'il ne se grisait pas huit fois par semaine.

Martinette.

Rien que cela.

Mme Bavardin.

Ah! c'était bien la perle des maris.... ah!

Martinette.

Je me rappelle pourtant, ma voisine, qu'il vous caressait quelquefois un peu brutalement.

Mme Bavardin.

Et qu'est-ce que cela, ma voisine? c'est ce qui fait les bons maris : c'est ce qui me prouvait son ardeur, la violence de son amour. Eh! c'est tout simple, ma voisine : un homme passionné se met en colère, un homme qui se met en colère, vous bat; donc un homme qui vous bat, vous aime, vous adore, raffole de vous.

Air : *Une fille est un oiseau.*

Oui, le meilleur des époux
Est celui qui bat sa femme;
On doit mesurer sa flamme
A la force de ses coups.
Pour nous prouver sa tendresse,
Un froid mari nous caresse,
Mari brûlant bat sans cesse....

MARTINETTE.

Vive ce penchant heureux !
Si c'est amour qu'on le nomme,
Un bon mari vous assomme
Pour peu qu'il soit amoureux.

Mme BAVARDIN.

Vous n'avez pas cela à craindre du vôtre, ma voisine, car, entre nous soit dit....

MARTINETTE.

Comment ?

Mme BAVARDIN.

Je ne voulais pas vous le dire, je craignais de vous affliger, mais je ne puis me taire plus longtems... Oui, ma voisine, ma pauvre voisine, votre mari ne se contente pas d'être un ivrogne, il fait encore des infidélités à sa femme.

AIR *du Mameluck.*

Votre mari boit sans cesse,
Sans cesse il change d'amours ;
C'est toujours nouvelle ivresse,
Nouveaux plaisirs tous les jours :
Ah ! sa démence est complète,
Ma voisine, quel malheur !
Le vin le prend par la tête,
Les fillettes par le cœur.

MARTINETTE.

Hélas !... je le sais, ma voisine.

Mme BAVARDIN.

Eh ! vous savez tout, vous êtes une terrible femme, on ne peut rien vous apprendre ; au surplus ma voisine, ce que je vous en ai dit.... c'était pour vous obliger; c'était par intérêt, en vérité, ma voisine, par intérêt, par pur intérêt.--Je suis votre servante.

MARTINETTE.

En vous remerciant, ma voisine.

SCÈNE II.

MARTINETTE, *seule.*

ON ne peut jamais se débarrasser de cette vieille folle; la nuit va bientôt venir.... Il ne reviendra pas, l'ivrogne; c'est tous les jours la même chose.

AIR *du Poussin.*

Il me quitte de grand matin
Pour aller se mettre en goguettes;
Quand il abandonne le vin,
Il va courtiser les fillettes;
En rentrant, ce mauvais mari
Veut boire encor, puis il sommeille...
Et jamais l'ivrogne chez lui
Ne caresse que sa... bouteille.

Au moment où je parle, monsieur est au cabaret, ou auprès des jolies femmes.... Je ne suis pas jalouse, mais si j'étais sûre que ce fût aussi vrai qu'on le dit, je... lui montrerais que je suis sa femme. Ce n'est pas encore là tout, il veut être maître chez lui.

AIR : *Ça n'se peut pas.*

Moi, céder à sa fantaisie!
Ce serait la première fois,

C'est moi qui dois être obéie,
Jamais je n'ai reçu de lois.
Non, non, j'ai trop d'orgueil dans l'ame,
De mes droits je fais trop de cas;
Un mari gouverner sa femme,
Ç'a n'se voit pas, ç'a n'se voit pas.

Je veux marier Javotte à notre voisin Perrin, ils s'aiment; mon mari s'oppose à leur union, et veut donner sa fille à cet imbécille de Nicolas son compagnon de bouteille, mais il n'en sera rien, ou Martinette y perdra son nom. Ah! je lui prépare un tour.

SCÈNE III.

MARTINETTE, JAVOTTE.

JAVOTTE.

Eh bien, ma mère, mon père n'est point encore rentré?

MARTINETTE.

Non, ma fille.

JAVOTTE.

Il sera sans doute *aux Trois Tonneaux*, chez Droguin: il reviendra dans un bel état.

MARTINETTE.

Oui, comme à l'ordinaire.

JAVOTTE.

Oh, mon dieu! le vilain défaut que celui de boire! Perrin n'a pas ce défaut-là, lui; et quand nous serons mariés, il ne me donnera point de chagrin. A quoi rêvez-vous donc, ma mère?

MARTINETTE.

Aux moyens de corriger Martin.

JAVOTTE.

Peine perdue, ma mère.

MARTINETTE.

De me venger.

JAVOTTE.

Cela vous regarde.

MARTINETTE.

De m'éclaircir sur certaines petites choses, et enfin, de te faire épouser Perrin.

JAVOTTE.

Oh, ma mère, que je serais heureuse!

MARTINETTE.

Laisse-moi faire, Javotte.

JAVOTTE.

Bientôt, ma mère?

MARTINETTE.

Au retour de Martin.

JAVOTTE.

Je prévois que mon père ne sera pas trop en état d'entendre raison.

MARTINETTE.

Tant mieux.

JAVOTTE.

JAVOTTE.

Je ne comprends pas... mais par quel moyen?...

MARTINETTE.

Pourvu que Perrin devienne ton mari, que t'importe.

JAVOTTE.

On aime toujours à savoir....

MARTINETTE.

Ces jeunes filles aiment toujours à savoir.

AIR *de la Clef forée.*

Quelquefois de plus d'un faux pas
La curiosité fut cause.
Fille jeune et pleine d'appas,
En voulant trop savoir s'expose.
Lorsqu'un aimable et tendre amant
Se charge de l'apprentissage,
Bientôt, hélas! elle en apprend
Plus qu'il n'en faut pour être sage.

Puisque tu veux absolument savoir, écoute.... Mais j'entends du bruit; va d'abord voir qui ce peut être.

SCÈNE IV.

MARTINETTE, *seule.*

C'EST lui, sans doute.. Ah! mon mari! mon mari! nous allons voir. (*Martin chante dans la coulisse.*) Oui, chante, chante, va, tu as raison.

SCENE V.

MARTINETTE, JAVOTTE, MARTIN (*ivre*), PERRIN *le conduit*, NICOLAS.

MARTIN (*entre en chantant.*)

AIR : *de Tabagie.*

J'AIME beaucoup le vin vieux
Et la jeune fille;
Je quitte pour deux beaux yeux
Le jus qui pétille.
Ivre de vin et d'amour,
A tous deux fidèle :
Je caresse, tour à tour,
Mon verre et ma belle.

PERRIN.

Père Martin, pouvez-vous vous oublier de la sorte.

MARTIN.

J'ai une petite pointe de vin... est-ce c'a que tu veux dire

PERRIN, *à Nicolas.*

C'est toi qui le fait boire.

NICOLAS.

Tiens, c't'autre, y boit ben tout seul.

MARTINETTE.

Eh bien, maraud !, ne te voilà-t-il pas bien présentable.

MARTIN.

Présentable... qu'est-ce que tu dis donc, toi ?

AIR *d'Arlequin afficheur.*

Oseras-tu me dire ici
Que je ne suis pas présentable ?
Je puis le prouver, dieu merci !
Je me présente bien à table.
Du cabaret je viens tout droit
Avec cinq ou six bons apôtres,
Et si je ne marche pas droit
Je ressemble à bien d'autres.

NICOLAS.

C'est vrai, c'a... Vous voyez bien qu'il fait encore des moralites.

(*Pendant la suite du dialogue, Nicolas veut faire sa cour à Javotte, elle le repousse, Perrin le menace.*)

NICOLAS, *montrant son chapeau à trois cornes.*

Ne faut pas faire le crâne, regarde-moi, tiens je n'te dis qu'c'a.

MARTINETTE.

Ivrogne, tu ne guériras jamais de cette maladie-là, tu aimeras toujours à boire.

MARTIN.

Tu appelles cela une maladie, toi ?

PERRIN.

Je crois, père Martin, qu'un peu de repos ne vous ferait pas de mal.

NICOLAS.

Ma fin'! s'il est las, c'est d'être trop assis.

AIR : *Réveillez-vous, belle endormie.*

S'il est fatigué, je vous jure,
C'nest pas de la route qu'il fait,
Aussi long-tems que le jour dure
Il se repose..... au cabaret.

MARTIN.

Au cabaret! . . . ce jeune homme-là a toujours quelque chose d'aimable dans la bouche: toi, Perrin, je t'estime... je te rends justice, et pour te le prouver, je veux que ma fille Javotte... aille nous chercher de quoi boire un coup... Javotte, trois bouteilles du fond. (*Il va pour s'asseoir et tombe au pied du banc.*)

PERRIN.

Prenez-garde, père Martin, vous vous êtes trompé.

MARTIN.

Trompé, moi?... je ne me trompe jamais, entends-tu? Ecoute-donc ma femme, me boudes-tu toujours?

MARTINETTE.

Vieux fou, vieux extravagant, sac à vin...

NICOLAS.

V'là les épigraphes!

MARTIN.

Doucement... mon épouse... je suis comme quand je me lève....

MARTINETTE.

De table.

MARTIN.

Allons, allons, tiens, le sommeil me gagne. Bonsoir. (*Il s'endort.*)

SCÈNE VI.

LES PRÉCÉDENS, MARTIN, *endormi*, JAVOTTE.

JAVOTTE.

En voici seulement une bouteille.

MARTINETTE.

Chut! il dort.

NICOLAS.

C'est dommage... il n'm'a pas encore fait goûter de son petit tonneau.... Tenez, mère Martinette, j'ai une bonne idée ; si Martin se réveille, et qu'il voie cette bouteille-là... c'a le tentera... si vous voulez, moi je m'en vais la reduire à zéro.

MARTINETTE.

Tais-toi, nigaud.

NICOLAS.

Tiens, nigaud, je suis sûr qu'elle est fière d'avoir dit c'a, parce que c'a rime.

MARTINETTE.

Regarde, Perrin, est-il bien endormi?

PERRIN.

Ecoutez plutôt.

NICOLAS.

Il ronfle comme un bienheureux.

MARTINETTE.

J'ai un dessein, mais vous le dire serait trop long.

NICOLAS.

Bah! les femmes parlent si vite.

MARTINETTE.

Vous l'apprendrez en l'exécutant : tout me favorise, voilà la nuit... toi, Javotte, va dans le grenier chercher... mais non, j'aurai plutôt fait d'y aller moi-même ; viens avec moi, Nicolas.

NICOLAS.

Pourquoi faire ?

MARTINETTE.

Tu le verras.

NICOLAS, (*bas à Martinette.*)

Est-ce que vous allez laisser ces deux jeunes-gens ?

MARTINETTE, (*le poussant dehors.*)

N'as-tu pas peur qu'ils ne vident la bouteille ?

NICOLAS.

Ce n'est pas c'a, mais vous sentez bien....

SCENE VII.

PERRIN, JAVOTTE.

JAVOTTE.

PERRIN, comprends-tu l'intention de ma mère ?

PERRIN.

J'allais te faire la même question, Javotte.

JAVOTTE.

Elle allait tout me dire, lorsque tu es entré avec mon père ; elle paraît bien sûre de nous rendre heureux.

PERRIN.

Ah ! Javotte, sans cela il eût fallu mourir de désespoir.

JAVOTTE.

Ne fais pas tant de bruit... tu vas réveiller mon père.

PERRIN.

Il n'y a pas de risque, il dort d'un si bon somme.

JAVOTTE.

A propos, dis-moi, d'où l'as-tu ramené en si bon état ?

PERRIN.

Belle demande ! *des Trois Tonneaux*, sa demeure ordinaire.

JAVOTTE.

Que de peines il cause à ma mère, mais elle m'a dit qu'en nous rendant heureux, elle trouverait aussi les moyens de se venger.

PERRIN.

Vraiment, il le mérite bien.

JAVOTTE.

Tu vois bien.

AIR : *J'ai vu par-tout dans mes voyages.*

Si tu faisais comme mon père,
Lorsque tu seras mon mari,
Moi, je ferais comme ma mère,
(*en souriant*)
Et je me vengerais aussi.

PERRIN.

Ah! rassure-toi bien, ma belle,
Jamais, je le jure en ce jour,
Non, jamais ton amant fidèle
Ne s'enivrera que d'amour.

Oh! Javotte, quel avenir délicieux! tiens, laisse-moi prendre sur tes lèvres...

SCENE VIII.

LES PRÉCÉDENS, MARTINETTE, NICOLAS *portant un gros paquet.*

NICOLAS.

V'LA que j'ai mon paquet, moi.

MARTINETTE.

Doucement, jeunes gens, un peu de patience.

NICOLAS.

Eh bien ! vous souffrez ç'a, je vous l'avais bien dit.

MARTINETTE.

AIR : *Vous m'ordonnez de la brûler.*

Vous vous croyez donc tout permis,
Votre ardeur est étrange,
Attendez, pour cueillir les fruits,
Le tems de la vendange.

JAVOTTE.

Cela peut-il se refuser
A celui que l'on aime ?

MARTINETTE *à Perrin.*

Tu crois lui voler un baiser,
Tu te voles toi-même.

PERRIN.

AIR : *Souvent la nuit, quand je sommeille.*

Ne puis-je pas, sans qu'on en glose,
Pour appaiser ma vive ardeur,
Prendre sur sa bouche de rose,
Un à-compte de mon bonheur.

MARTINETTE.

Oui, sans doute, un pareil à-compte
Est autant de pris pour l'Amour :
Mais quand l'Hymen vient à son tour,
L'Hymen n'y trouve plus son compte.

NICOLAS.

C'est ce que je disais, c'est fort désagréable ; mère Martinette, si j'épouse, moi, à présent.

MARTINETTE

Ne crains rien ; ne perdons pas de tems pour mettre notre projet à exécution. Maintenant, Perrin, éteins cette lumière.

PERRIN.

ERRIN.

Volontiers ; mais je ne comprends pas....

JAVOTTE.

Moi, je commence....

MARTINETTE.

Silence, retirons-nous; à son réveil nous reparaîtrons.

NICOLAS.

Ah c'a, vous me direz peut-être bien le mot de l'égnime ? (*Il va pour entrer, on lui ferme la porte.*)

SCÈNE IX.

NICOLAS MARTIN, *endormi.*

NICOLAS.

Fi donc, que c'est malhonnête, me fermer la porte, et au nez encore... moi qui voulais épouser cette petite Javotte... moi, qu'ai rejeté pour elle une femme respectable... l'illustre madame Bavardin ! une antique !

AIR *de l'Opéra-Comique.*

Cette madame Bavardin
Amasse un trésor en cachette,
La prend' pour femme un beau matin,
Ma fin' c'a n'serait pas si bête;
Qu'import'qu'elle aime les caquets,
Que chaqu'jour ses appas vieillissent :
Il n'est pas d'si vilains objets
Q'des écus n'embellissent.

Je vois bien que je serai forcé d'en revenir à madame Bavardin... mais elle m'avait donné un rendez-vous ; je l'ai oublié, c'a n'est pas étonnant.

AIR *nouveau.*

On dit toujours : j'irai plus tard,
Quand une vieille nous appelle ;
Mais l'Amour dit : cours, il est tard,
Quand c'est une gentille belle.
Près d'un tendron on va trop tard,
Et toujours trop tôt on le quitte,
Vers la vieille l'on va trop vîte,
Et l'on revient toujours trop tard.

SCÈNE X.

MARTIN, *endormi*, NICOLAS, Mme BAVARDIN, *criant dans la coulisse.*

Mme BAVARDIN.

NICOLAS !... Nicolas !... Nicolas !...

NICOLAS.

Quand on parle d'une femme, on entend sa langue.

Mme BAVARDIN.

Ah ! vous voilà, c'est bien heureux.

NICOLAS.

Madame Bavardin, calmez-vous.

Mme BAVARDIN.

Que je me calme ! que je me calme ! si je ne le veux pas ; je veux me mettre en colère, parce que j'ai raison, oui, j'ai raison.

NICOLAS.

C'est vrai, madame Bavardin, mettez-vous en colère, mais ne faites pas de bruit, parce qu'il y a là quelqu'un qui dort.

MME BAVARDIN.

De l'ironie!.. ne m'échauffez pas; je suis douce, mais je ne suis pas faite pour être raillée, entendez-vous?

NICOLAS.

Pardi! vous criez assez fort, quand je me tue de vous dire que le Père Martin s'est assoupi... Respectez-donc le sommeil du juste; tenez, il est là.

MARTIN, *rêvant.*

Allons, tais-toi, Nicolas, tu es une bête.

NICOLAS.

Qu'est-ce qu'i dit donc?... Père Martin!

MARTIN, *rêvant.*

Quand je te dis que cette Madame Bavardin est une vieille folle, qui n'est pas du tout ton fait.

NICOLAS.

Il rêve.

MME BAVARDIN.

Je le vois bien. C'est affreux, il faut rêver pour dire des choses comme ça : madame Bavardin, une vieille folle!

MARTIN, *toujours rêvant.*

Eh oui... tiens, j'ai ton affaire au fond de la bouteille... tu épouseras ma fille Javotte.

MME BAVARDIN.

C'est ce que nous verrons. Ah! perfide! traître! c'est donc ainsi que tu me trompes! Je ne sais ce qui me retient! Une femme comme moi! Mais, un moment, tu n'es pas encore marié avec ta Javotte... Tu m'épouseras, vaurien, je l'ai mis dans ma tête, tu m'épouseras en dépit de toutes les Javottes du monde.

NICOLAS, *à part.*

Maudit dormeur ! *haut.* Eh ! certainement, Madame Bavardin, que je vous épouserai, puisque c'est un mariage d'inclination, là.

Mme BAVARDIN.

Allons, restez-vous ici, monsieur? Attendez-vous Mlle Javotte ?

NICOLAS.

Je vous suis, madame Bavardin... Voulez-vous mon bras ? (*Ils s'en vont en se heurtant avec Perrin, qui sort déguisé.*)

NICOLAS, *épouvanté.*

Aye !... aye !... C'est un revenant ! sauvons-nous !

Mme BAVARDIN.

Un revenant ! allons avertir le village.

SCÈNE XI.

MARTIN, *endormi*, PERRIN, *déguisé.*

PERRIN, *riant.*

Ah ! ah ! ah ! ils ont eu une belle peur.

MARTIN.

Ne m'échauffe pas la bile, car si je prends cette bouteille... (*Il fait un mouvement et s'éveille.*) Eh bien, où suis-je donc, moi ? suis-je éveillé ? suis-je endormi ? Je suis éveillé, car j'ai soif.

PERRIN, *à part.*

Voilà Martin qui se réveille... Dans quel accoutrement je suis ! Martinette est folle.

MARTIN.

Je n'aperçois ni ciel ni terre. Euh! je crois que j'ai peur. (*D'une voix tremblante.*) Allons, Martin, du courage, de la présence d'esprit, mon ami : si j'avais à boire encore, cela m'éclaircirait la vue et les idées. Voyons, où étais-je hier, lorsque je me suis endormi ? J'étais, oui, j'étais chez Droguin, cabaretier; si je n'ai pas changé de place en dormant, j'y suis encore. Droguin! Droguin! Droguin ne répond pas. (*Très-effrayé.*) Où suis-je ? où suis-je?

PERRIN, *d'une voix sombre.*

Chez moi.

MARTIN, *cherchant à se raffermir.*

Où, chez toi ?

PERRIN.

En Enfer.

MARTIN.

En Enfer!... Dites-donc, l'ami...

PERRIN.

Que veux-tu ?

MARTIN.

Est-on bien ici ?

PERRIN.

Pas mal.

MARTIN.

Pourriez-vous me faire servir chopine ?

PERRIN.

Un instant.

MARTIN.

Du meilleur, entendez-vous ? Deux verres, vous serez de la partie.

PERRIN.

Je vais t'envoyer ce que tu me demandes.

MARTIN.

Des lumières, s'il vous plaît.

SCÈNE XII.

MARTIN *seul.*

MA foi, voilà un diable fort honnête.

AIR : *La Comédie est un miroir.*

Allons, je m'accoutumerai
A vivre ici parmi les diables ;
Je boirai, je m'enivrerai,
Et j'enivrerai tous les diables.
Il paraît que dans ce séjour
On trouve encore de bons diables.

Tant mieux, tant mieux, car dans un certain tems :

Sur la terre, à l'ordre du jour,
On vit assez de méchans diables.

Ah ! en parlant de diable, ma femme qui est devenue veuve, et ma fille, et son mariage, et mes amis de bouteille, Nicolas, Mathurin, Guillaume, Boitsec ; mais ne songeons plus aux choses de ce monde.

SCENE XIII.

MARTIN, JAVOTTE, *déguisée.*

MARTIN.

Vous avez oublié la lumière ; point de réponse ; les femmes sont muettes dans ce pays-ci ! et qu'on me dise encore qu'on est mal en Enfer! ... Je voudrais pourtant bien savoir si son bourgeois va venir me tenir compagnie ; au reste, je vais l'attendre en buvant. (*Il boit*). C'est de l'eau !.. Ah ! je suis en Enfer, il n'en faut plus douter! Maudit séjour! Empire abominable !

SCENE XIV.

LES MÊMES, PERRIN, *toujours déguisé*, MARTINETTE, *en Mégère*.

MARTINETTE.

ARRÊTE, je suis Mégère, ne blasphême pas, ou tremble.

MARTIN.

Pardon... je tombe à vos pieds.

MARTINETTE.

Avoue-moi toutes tes fautes, et je pourrai adoucir ton sort.

MARTIN.

Plus d'eau, sur-tout.

MARTINETTE.

Non... mais dis la vérité.

MARTIN.

Allons, vous êtes d'accommodation : on dit bien vrai, qu'il y a de bonnes gens par-tout.

MARTINETTE.

Commence donc vîte.

MARTIN.

Je vais donc vous détailler toutes les fautes que j'ai commises avant ma mort; écoutez :

AIR : *Ah! de quel souvenir affreux !*

A boire j'étais fort enclin,
Pour moi chaque jour était fête;
Ma femme, comme un vrai lutin,
De son côté me faisait tête :
Moi, je la maltraitais du mien,
Et des paroles et du geste....
Mais elle le méritait bien,
Car....

MARTINETTE.

On vous fait grace du reste.

MARTIN.

La femme du vieux Mathurin,
Jeune et d'attraits fort bien pourvue,
Un jour, chez mon marchand de vin,
Hélas! me donna dans la vue;
En l'absence de mon voisin,
Qui ne craignait rien de funeste,
Je la trouvai seul un matin...
Et... voulez-vous savoir le reste?...

MARTINETTE.

Après, monstre.

MARTIN.

Voilà le plus fort; attendez, j'oubliais de vous dire que j'occasionnai bien du chagrin à un pauvre garçon qui aimait ma fille, et à qui je l'ai.... refusée pour contrarier ma femme. Ordonnez à présent toutes les pénitences possibles, excepté l'eau, je m'y soumettrai.

MARTINETTE.

Ecoute maintenant ta condamnation : si tu veux éviter les châtimens, il ne faut plus boire.

MARTIN.

MARTIN.

Ne plus boire! pas possible.

MARTINETTE.

Ou boire moins.... c'est le seul adoucissement de la loi en ta faveur.

MARTIN.

Boire moins? (*Il réfléchit.*) Allons, va pour boire moins, j'y consens, puisqu'il le faut.

MARTINETTE.

Prononces-en le serment. Promets aussi de consentir au mariage de ta fille, et d'expier, par des regrets sincères, tes infidélités et ta brutalité envers ta femme.

MARTIN.

Mais il me semble que tout cela est maintenant à-peu-près inutile.

MARTINETTE.

N'importe, ta fille et ta femme t'entendent.

MARTIN.

Eh bien, je le jure, puisque vous le voulez.

PERRIN.

Es-tu fâché d'avoir chagriné l'amant de ta fille?

MARTIN.

Oui, de bon cœur; et si je n'étais pas mort, je donnerais volontiers les mains à cette union.

MARTINETTE.

Te repens-tu de tes torts envers ta femme?

MARTIN.

Oh! oui, si c'était à recommencer...

MARTINETTE.

Eh bien, encore quelques momens, et tu verras ta fille, ta femme et ton gendre. (*Ils sortent.*)

SCENE XV.

MARTIN, *seul.*

C'A va jusqu'à moi, et c'a me passe. Le compère Lucas, qui est un homme d'esprit, qui a demeuré quinze grands jours à Paris, me parlait l'autre fois, en buvant chopine, des *Pantasmogiries de Remberson* qu'il a vues ; mais c'a n'approche pas de tout ce que je vois ; si je pouvais tenir Lucas, seulement pendant une heure, comme je lui en conterais. Voyons, attendons la fin.

SCENE XVI.

MARTIN, MARTINETTE, JAVOTTE, PERRIN. (*Ils reparaissent avec une lumière, et dans leurs costumes ordinaires.*)

MARTIN.

C'EST singulier' comme ils sont ressemblans! Oh! il n'est pas possible, il y a de la magie là-dedans.

PERRIN.

Père Martin!

MARTINETTE.

Mon mari!

JAVOTTE.

Mon père!

MARTIN, *étonné.*

Comment!... ils parlent!...

MARTINETTE.

Reconnais ton erreur, Martin.

MARTIN.

Oui, je la reconnais ; oui, je me repens de mes torts; si j'étais encore vivant, j'en agirais mieux avec toi.

MARTINETTE.

Ce n'est pas cela que je veux te dire, reconnais-moi, je suis Martinette, ta femme, tout cela n'est qu'une ruse pour te punir et apprendre certaines petites choses...

MARTIN.

Messieurs les diables, n'espérez pas me tromper par vos illusions.

AIR : *Chacun avec moi l'avouera.*

Non, ceci me paraît trop fort,
Et morbleu ! ce n'est pas dans l'ordre ;
Non, je suis mort, je suis bien mort,
On ne m'en fera pas démordre. *(bis.)*
Vous y perdrez votre crédit,
De vous croire je n'ai l'envie,
Car on me l'a toujours bien dit :
Quand on est mort *(bis.)* c'est pour la vie.

JAVOTTE.

Mon père, reconnaissez Javotte et Perrin.

MARTIN.

Et Mégère ?... et la furie ?.. et le grand diable qui m'a reçu, où sont-ils?

PERRIN, *se montrant.*

Voilà le grand diable.

MARTINETTE.

Voilà Mégère.

JAVOTTE.

Et la furie.

MARTIN.

Fort bien, je commence à vous reconnaître, mais je ne me reconnais pas, moi. Mais voilà pourtant ma maison! mon petit jardin! je suis donc vivant! eh bien, tant mieux, embrassons-nous. Sans rancune, Mégère.

MARTINETTE.

Et la confession!

MARTIN.

Ah! ah! tout homme est homme.

MARTINETTE.

Allons, touche là, mais plus de rechute.

MARTIN.

Je te le promets.

MARTINETTE.

Que la noce de nos deux jeunes gens couronne l'œuvre.

PERRIN *à Martinette.*

Quelle grace n'avons-nous pas à vous rendre.

JAVOTTE.

Quelle reconnaissance nous devons à votre heureux stratagème.

MARTINETTE.

Ma fille, quand une femme a un projet, il faut qu'elle en vienne à bout... mais qu'entends-je? quel bruit!...

SCENE XVII *et dernière.*

LES PRÉCÉDENS, Mme BAVARDIN, NICOLAS, *à la tête de quelques villageois.*

CHŒUR.

AIR du vaudeville de *Comment faire?*

Courons après le revenant,
Il faut le chasser du village;
Mes amis, voici le moment
De montrer un peu de courage.

NICOLAS, *se rangeant de côté.*

Mes chers amis, passez devant,
Prenons-le, s'il ose paraître;
Mais il faut agir prudemment,
Un revenant est toujours traître.

Courons après, etc.

Mme BAVARDIN.

Il aura disparu.

MARTINETTE.

Eh! bien, qu'est-ce?

MARTIN.

Qu'avez-vous donc, les amis?

Mme BAVARDIN.

C'est que... voyez-vous... c'est un...

NICOLAS, *l'interrompant.*

Pardine! vous ne l'avez pas vu, vous autres, il était tout blanc.

PERRIN.

Ah! ah! je vois... je parie que vous cherchez un revenant.

Mme BAVARDIN.

C'est c'a... je vous l'avais dit... un revenant.

NICOLAS.

Tout juste! (*Tremblant.*) Est-ce qu'il est encore ici?

PERRIN.

A deux pas.

NICOLAS, *élevant la voix.*

Qu'il tremble... nous sommes en force.

PERRIN,

Le voilà.

NICOLAS.

Comment? le voilà. Tiens, veut-il pas faire le goguenard, à présent? Monsieur, ce n'est pas plaisant du tout... On voit bien que vous ne savez pas ce que c'est que les revenans!

AIR *d'Angélique et Melcour.*

Les hommes qui, de leur vivant,
A nuire mettaient leur science,
Reviennent pour notre tourment,
Dès qu'ils ont perdu l'existence.
Ennemis, fripons et méchans,
Sans cesse repeuplent la terre:
Mais les amis, les bonnes gens,
Ceux-là ne reviennent guère.

Mme BAVARDIN.

Ah c'a, M. Perrin..... ne nous laissez pas dans l'incertitude; parlez, parlez, je brûle de savoir...

PERRIN.

Vous saurez tout... Soyez bien tranquille sur le revenant... il me suffit pour le moment, de vous apprendre mon mariage avec Javotte.

NICOLAS.

Bah!...

JAVOTTE.

Oui, M. Nicolas, Perrin est mon petit mari.

MARTIN.

Que veux-tu, Nicolas? ils s'aimaient trop, c'a t'aurait joué quelque mauvais tour.

NICOLAS.

Madame Bavardin!

Mme BAVARDIN.

Je te vois venir, fripon.... va, je te pardonne, je t'épouse, mais de la fidélité! Cher amant, que les chaînes du mariage soient pour nous des nœuds de fleurs!...

NICOLAS.

Oh, que c'est pathétique!

MARTINETTE.

Quand vous ne serez pas contente de votre mari, venez me trouver, ma voisine, je vous donnerai mon secret.

VAUDEVILLE.

MARTINETTE.

AIR *des deux Veuves.*

Mon cher époux me trahissait,
J'ai découvert ce beau mystère
Qu'à Martinette l'on cachait,
Et que l'on révèle à Mégère.

MARTIN.

Il n'est plus tems de le nier,
Mais l'erreur était excusable;
Car je ne suis pas le premier
Qui prend sa femme pour un diable.

JAVOTTE.

L'Amour en naissant est câlin,
Il est docile, tendre, aimable;
Mais on dit qu'aussitôt l'Hymen,
Au lieu d'un ange, c'est un diable.

PERRIN.

Dans notre union, je le crois,
L'amour sera toujours aimable :
Fille charmante comme toi,
Fait bientôt un ange d'un diable.

Mme BAVARDIN.

Soyons unis soir et matin,
Que la confiance nous lie;
Un mari devient un lutin
Dès qu'il connaît la jalousie.

NICOLAS.

Ah! comment serait-on jaloux
D'une femme si respectable?
Soyez sûre que votre époux
Ne vous fera jamais.... le diable.

MARTIN, *au Public.*

De rien nous ne serons fâchés,
Si mon erreur a pu vous plaire :
Je demande de mes péchés
L'absolution au Parterre.
Attiré par un doux attrait,
Pour vous, devenant raisonnable,
Si j'ai quitté le cabaret,
Ne me renvoyez pas au diable.

FIN.

www.ingramcontent.com/pod-product-compliance
Ingram Content Group UK Ltd.
Pitfield, Milton Keynes, MK11 3LW, UK
UKHW020219180726
13838UKWH00005B/2078